Lk 7/1148.

REMONSTRANCE
FAICTE AV ROY PAR LE
sieur d'Ardent Aduocat en Parlement, Iurat & deputé de la ville de Bourdeaux, vers sa Majesté pour l'extinction des nouuelles impositions & remises des bureaux à Bourdeaux.

A BOVRDEAVX,

Par GVILLEAVME MILLANGES Imprimeu ordinaire du Roy, 1632.

SIRE,

Les Iurats deputez de voſtre ville de Bourdeaux & villes fi‑ leulles de la Seneſchauſſée de Guyenne, ſe ſont rendus aux pieds de voſtre Majeſté, pour la feliciter du ſuccez de ſes armes victorieuſes, & la remercier tres‑humblemét du ſoing & affection vrayement paternelle qu'elle prend de ſes pauures ſubjects, en ce que par ſes lettres pattantes, il eſt mandé à ſon Parlement, de proceder rigoureuſement, cô‑ tre tous ceux qui diront que voſtre Majeſté veut impoſer de nouuelles contributions ſur ſa ville & pays Bourdelois. Mais SIRE, nous ſommes obligez de repreſenter à voſtre Ma‑ jeſté, que vos fermiers par vn contraire effect, de leur inſtint & mouuement, ſans comman‑ dement, & ſans arreſt prealable de voſtre Cô‑ ſeil, ont quitté Bourdeaux & transferé vos bu‑ reaux en la ville de Blaye, en laquelle ils leuét le double de tous nos ſubſides, & ſur toutes choſes, meſmes les plus neceſſaires à la vie des hommes & ſur leſquelles on n'auoit iamais ac‑

A

coustumé, ny seulement pensé de leuer de tribut, & pour comble de tous mal-heurs, ils nous priuent de tous nos priuileges de Bourgeoisie, priuileges que nous estimons a l'esgal de nostre propre vie, puisque nos ancestres les ont glorieusement acquis par leur reduction volontaire à vostre obeyssance, & nous courageusement conseruez par nos fidelitez & seruices. Voire soubs pretexte d'vn arrest de vostre Conseil, interuenu vn mois apres leur retraitte, par lequel, il leur est permis de faire la leuée sur les personnes exemptes & non exemptes, ils ont, par telle surprise ou equiuoque osté, cette presente année aux villes & à vos peuples toutes leurs foires franches, aux habitans leurs priuileges & exemptions, & à ce port de la Lune iadis si florissant, tout son credit & sa reputation. Ce qui réuerse directement la loy fondamentale de nostre reduction, incerée és articles jurez soubz Charles septiesme, destruit la foy publicque qui nous a esté promise par le contract Imperial faict auec Henry deuxiesme, aneantit la ratification que vostre Majesté en a faict, laquelle tient sa parolle ferme & stable à ses ennemis mesmes : & enfin SIRE, foule & renuerse tout droict diuin & humain. Car pour priuer vn peuple des droits, qui luy sont iustement acquis, il faudroit plustost le declarer descheu de ses priuileges, & plustost que de le condamner, le rendre criminel.

Estrãge reuolution, que vostre Majesté naturellement encline à la clemence, pardonne tous les iours ceux qui l'ont offencée, fait expedier ses lettres de grace aux criminels, qui ont encouru la peine de la mort, & les Bourdelois, SIRE, qui n'ont iamais recherché d'autre gloire, que celle de leur obeissance, se voiét punis pour auoir esté tousiours fideles, & sans auoir meffait ny desmerité, traittez pire que criminels de vostre Majesté.

SIRE tous couuerts de deüil, auec des larmes de sang profondemét humiliez aux pieds de vostre Majesté, nous venons luy dire, que nos biens, nos vies, & nos fortunes sont bien toutes en vostre main, cõme en celle de Dieu, de qui vostre Majesté tient son authorité, mais luy dire aussi, que s'il ne luy plaist nous faire cesser cette extreme rigueur dans laquelle on nous tient asseruis il y a pres de neuf mois, que pour toute verité nous serons contraints de quitter nos familles, & abandonner nos biens au premier occupant, & si dans cette ruyne & desolatiō publique, nous deuōs tous perir, benist soit le iour auquel nous expirerons, apres vous l'auoir dit.

Apres cela SIRE, nous n'auons rien plus à vous dire, sinon representer à vostre Majesté, que de nostre misere & desolation, procedera celle du traffic & du cōmerce, & par consequēt de vostre espargne : & luy dire encore que les mesmes fermiers ont bien obtenu rabais de huict cent mille liures, sur le prix de leurs fermes, qui est de quatorze cēs mille, sur ce qu'ils ont exposé à vostre Conseil & iustifié par les attestations du sieur de Verthamont, que nos champs & nos vignes ont demeuré incultes par la peste & famine, qui les ont desertées. Et neantmoins SIRE, comme ils voyent qu'ils ne peuuent pas leuer le simple & l'ordinaire des impositiōs, ils nous surchargent d'vn doublement de subsides, qu'ils iugent & cognoissent bien, que nous ne pouuōs pas supporter.

SIRE vos subjects veulent croire que la necessité des affaires d'vn estat, excuse quelques fois les impositiōs qui se font pour la cōseruation d'iceluy, mais SIRE si ceste necessité dure des siecles tous entiers, & qu'au lieu de mourir, elle reuiue plus violente & plus importune, bruslant & consumant tout, qui ne dira qu'elle n'est rien moins que necessité, soubs le regne le plus paisible & tranquille, mais le plus florissant de la terre, qui n'a pour visée que des conquestes, & pour obiect, que le seul progrez de ses armes. Necessité à laquelle nous opposons vne impuissance plus grande, & impuissance telle que ceux qui ne l'ont pas veuë, ne sçauroiēt iamais croire, ny seulement penser.

Car en verité SIRE depuis trois ans vostre ville de Bourdeaux & pays Bourdelois est affligé de peste, accompagnée d'vne disette & famine generalle, ou emmy les champs, à la campagne, dedans les villes, en pleines ruës, on a veu les hommes deffigurez comme des squelettes expirer à centaines; il en est mort soixāte mille, & si le voisinage n'en est pas quitte a ce compte, le pere affamé n'a pas pardonné à son fils innocent pour assouuyr sa faim, le fils de son ventre a faict vn sepulchre à son pere, les paures meres desolées ont mieux aimé noyer leurs enfans faute de pain qu'elles ne leur pouuoient pas donner, que de leur voir plus longuement rēdre les abbois d'vne mort si cruelle. La voirie & les animaux de la terre les plus immondes, ont seruy de curée à nos hommes les plus robustes, lesquels auec leur vie ont expiré leur venin. Nos Hospitaux remplis à milliers de paures infects ou pestiferez, n'ōt peu estre fournis de pain & d'eau, non pas seument de remedes, quoy que nous nous soyons endebtez, de plus de trois cens mille liures à les secourir.

Et apres tout cela SIRE si par consideratiō & crainte d'importuner vostre Majesté nous n'auons pas demandé diminution de nos subsides, comme les autres Prouinces, qui ont esté touchées du mesme, mais en comparaison, moindre mal que le nostre, on ne doit pas imputer nostre discretion a crime. Et si nostre silence lécé a trahy nostre propre mal, pour cela porter le glaiue à la gorge de cent mille pauures enfançons, & d'autant de pauures meres deplorées, à qui on arrache le pain des mains, & la vie du seing, & lesquels SIRE, si vostre Majesté abandonne, apres que la terre leur a desnié son secours, il ne leur reste plus que l'esperance toute certaine de leur tombeau.

Mais SIRE, ils croyent que vostre cœur est trop sensible a la douleur, & vostre bonté encline à la pitié, pour souffrir la ruine & destruction de tant de pauure peuple, qui vous reclame par nostre bouche: la vie, ou la mort duquel nous pouuons maintenant dire estre sur nostre langue, mais leur vnique salut en vostre seule misericorde?

Estrange & bien deplorable sort, que pour tant de seruices signalez, & bons offices qu'il a diuersement rendus à vostre Estat : a present pour toute retribution on le rende sans poux, & sans mouuement, proche de tomber dans des conuulsions, qui le menassent de sa prochaine fin. SIRE, il luy souuient, (& le souuenir en soit loüable) que Henry le grand vostre

B

pere d'heureuſe memoire, eſtant preſſé des affaires de la Ligue, Bourdeaux preſque ſeule ſe conſerua à ſon ſeruice, chaſſa à ſes deſpans l'armée Eſpagnolle, qui eſtoit venuë arborer ſes croix à Blaye, & crea ſur elle meſme le vieux conuoy, auec la foy & parolle royalle, que ce grand Prince luy donna, de l'eſteindre deſlors que ſes affaires auroient pris fin. SIRE, ceſte guerre ceſſa, mais non pas ce conuoy, qui dure encore? ha! SIRE Que ce pauure peuple à bien raiſon de vous repreſenter que les manes de ce grand Heros vous regardent en cette action, & attendent de vous, d'acquitter ſa foy & parolle royalle.

Mais SIRE? qu'eſt-ce que Bourdeaux n'a pas fait pour vous teſmoigner particulieremēt ſon affection? quel excez de ioye, n'a-il point monſtré lors de l'accompliſſement de voſtre heureux mariage, quand il eut l'honneur d'auoir la garde de voſtre ſacrée perſonne, ou aprés l'entrée de vos Royalles Majeſtez dans ceſte ville, ce peuple pluſtoſt laſſé de viure que de deſnier à voſtre Majeſté ſon ſecours, voyant la guerre de vos rebelles qui s'allumoit de toutes parts, se seigna pour vne derniere fois, de ce peu de sang qui luy restoit dedans ses veines seiches & arides, & crea sur luy mesme vn autre conuoy, appellé nouueau, a la difference du vieux, pour la leuée des trois cens mille escus, qu'il vous accorda de pur don : mais aussi auec la mesme foy & parolle Royalle, qu'il pleust à vostre Majesté luy donner, qu'apres la leuée, ce nouueau couoy demeureroit esteint & supprimé. SIRE, ceste leuée à esté faicte, vostre Majesté à triomphé de la rebellion, ces mouuemens ont pris fin : & toutefois ce nouueau conuoy est aussi bien continué que le vieux.

Nous pouuons encore adiouster que ce pauure peuple à supporté auec tout le respect & patience qu'vn peuple obeyssant peut auoir à son Prince, la Cruë & augmentation qu'on luy fist il y a quatre ans, lors que le feu sieur de Luxembourg alla comme à main armée, faire la mesme translation de bureaux à Blaye, & depuis laquelle augmentation SIRE, nous pouuons dire à vostre Majesté en verité, qu'on n'a veu que descheance de facultez entre les habitans, leurs vins & reuenus ayant diminué de la

B 3

moitié de leurs prix, & celuy de toutes choses accreu.

Et neatmoins SIRE a presēt coup sur coup, comme s'il ne s'agissoit que d'arracher l'arbre courbé, par tant d'agitations, voila vne double voire triple surcharge, qui acheue & accomplit la ruyne de ce pauure pays. SIRE ne permettez pas que vos fermiers nous tirent le blanc, apres nous estre nous mesmes seignez de toutes les veines de nostre corps, qu'au lieu de tondre ils nous escorchēt. Encore si la peau de tant de carcasses mortes, leur seruoit d'espouuantail, comme on dit des animaux nuisibles, il y a desia long temps qu'ils eussent abādonné la contrée.

Mais SIRE, qu'ils n'alleguent point aucun suiet de disgrace, celuy qu'ils prennent pour pretexte de leur retraite, n'est qu'vn ombre & couuerture du despart secret, qu'ils auoient long-temps auparauāt proietté de faire, voyāt qu'ils ne pouuoient faire aucune leuée, causāt la pauureté du pays, dequoy nous auons bonne preuue. Sire, ils ne furent iamais plus cheris & caressez parmy nous, que lors qu'ils se font

separez de nous, mais ils ne le serõt iamais d'a-
uantage, que lors que vostre Majesté leur com-
mãdera de retourner à Bourdeaux, d'où ils sõt
partis sans vostre commandement.

SIRE, c'est maintenant à vostre iustice d'a-
gir, nous vous la demandons au nom de celuy
qui vous donne les victoires, qui comble vostre chef sacré de ses benedictions, qui vous a
donné vn conseil heureux & fidelle, des mini-
stres de vostre Estat zelez & clair voyans au
bien de vostre seruice, & à l'honneur de toute
la France, lesquels comme vn autre Hercule,
vous aydent a supporter la pesanteur de ce
Ciel: ausquels, SIRE, en cas de remise, s'il plaist
à vostre Majesté de communiquer cet affaire,
nous la supplions tres-humblement, que nous
soyons ouys en sa presence, sur toutes nos rai-
sons Mais SIRE, sans attẽdre cela, puisque vostre Majesté void nos miseres presentes & pres-
santes, elle peut dire le mot & prononcer la de-
liurance de tous maux, nous remettãt au pied
& en l'Estat que nous estions auparauant nos
miseres & auant l'année six cens vingt sept; on
peut dire & auec la verité, que vostre Majesté

est le monarque le plus magnanime & genereux, le Roy le plus redouté & absolu, mais le plus iuste de toute la terre. Il ne reste plus que d'adiouster ceste qualité qu'on donnoit à vn grand sainct & Roy tout ensemble, l'vn de vos ayeuls, duquel vostre Majesté suit dignement la piste & la vie, on disoit de son temps, qu'il estoit les delices & le soulagement de son peuple, il aymoit a le secourir, il entroit en cognoissance de cause de ses miseres, & estoit autant pour luy, qu'il estoit par dessus luy.

SIRE, nous auons suiect d'en esperer autãt de vostre bōté & charité paternelle, & de prier la diuine Majesté, qu'il verse tant de benedictiõ sur vostre sacrée persõne, que vous n'ayez plus besoing de l'vn & de l'autre cõuoy, & que vous ayez moyen de les esteindre tous deux, qu'il vous inspire a ne vouloir rien qui ne soit iuste, à reietter toutes ces nouuelles surcharges, plus propres d'effaroucher l'esprit d'vn peuple de frontiere, que de le contenir au deuoir auquel il a tousiours vescu, & proteste de mourir au peril de cent mille vies.

Mais SIRE il vous supplie aussi tres-humblement de ne defirer que ce qu'il peut, & ce que voftre Majefté peut fur luy; ne permettre point qu'il foit executé par vos fermiers, lefquels ne defirent que pefcher dans le trouble, comme on fift en l'année mil fix cẽs vingt fept ou il fut leué plus de quatre cens mille liures, qui volontiers n'ont iamais tombé dans voftre efpargne: ondit que le baulme eft biẽ plus precieux qui coule & diftille de foy mefme, que celuy qui fe tire par le fer & par le feu, l'huyle plus agreable que les oliues dõnent elles mefmes, que celuy qui s'efpreint par le billot dans le preffoüer.

SIRE voftre Majefté peut tout fur nous, mais confiderant qu'elle ne veut rien qui ne foit iufte, cela nous fait efperer que n'ayant rien plus dequoy vous donner, elle fe contentera du tres-humble mais tres-fidele facrifice, que nous luy faifõs de tous nos cœurs, auec ce dernier fouhait, qu'il ne foit pas de noftre fort, comme de ces Ifles infortunées, dont l'vne gagnant & aduançant dans la mer, on dit que la derniere perd tout autant, & defcroit, SIRE gagnant le cœur de noueaux peuples, nous supplions voftre Majefté, de ne perdre pas le souuenir des plus anciens & reculez, qui n'ōt pour toute confolation que voftre feule protection, pour tout heritage, que voftre iuftice, & pour toute leur efperance, que la diftribution de vos Royalles faueurs, en la reuocation de toutes ces nouuelles furcharges qu'ils vous demandent, auec la remife de vos bureaux à Bourdeaux. SIRE, c'eft le fuject de leur députatiō, & la fin de leurs tres-humbles requeftes.

FIN.

www.ingramcontent.com/pod-product-compliance
Lightning Source LLC
Chambersburg PA
CBHW060457050426
42451CB00014B/3362